ماكبرتش ومش عايز اكبر

طارق التريري

Published by 2022 ,طارق التريري.

While every precaution has been taken in the preparation of this book, the publisher assumes no responsibility for errors or omissions, or for damages resulting from the use of the information contained herein.

ماكبرتش ومش عايز اكبر

First edition. July 3, 2022.

Copyright © 2022 طارق التريري.

ISBN: 979-8215279243

Written by طارق التريري.

Also by طارق التريري

طارق التريري: الأعمال الكامله
قلبي اللي عِشقِك
على باب الله
على باب الله
لما كانت مصر دوله

Standalone
التُهمه عربي
الصُبح في بلادي
إنفصامستان
سُلطان العاشقين
في بلاد الأي حد
قُليل لما بشتاقلي
كُل العساكر كدابين
دم الحُسين
دوايرك
عند باب الحلم
ذكريات الميدان
لاجديد
خاسر
صباح القُدس
وجع القصيده

فارس بلا مُهره
شهريار لم الحكايه
لا جديد
ماكبرتش ومش عايز اكبر
قادر ربك يفرجها
إبتلاء إن انتا مصري

Watch for more at tarqablog.blogspot.com.

لكُل مُحبي الشعر

سنه 80

داخلين على ال 80 سنه
وبياده دايسه السوسنه
من يومها واحنا مُهمشين
والمسلوبين من حقنا
سكنوا القصور واحنا القبور
يوماتى فاتحه لأهلنا
وشاويش يجيب بعدو الشاويش
دايمه الكأبه ف برنا
بكابورت طافح ع الجميع
والريحه وسخه معفنه
شعارات رافعها المُجرمين
أبداً ماطرحت يوم لنا
والزرع ليهم والخزين
والرى دايماً دمنا
ونقول حُقوقنا يقولوا مين؟
ابن السفاح ابن الزنا
اللى اعترض واللى انتفض
ناوى يشاركنا ف مصرنا
وعاشوها هُما صحاب بلاد
واحنا العبيد فى أرضنا
وبيقنعُنونا عشان نعيش
لازم نبطل حلمنا
إن البياده للثغور
مُش فوق دماغ السوسنه

فيينا بقت ليمان

إديها سجود وطاطى
تديك مصر الحنان
والحاكم يرضى عنك
وتغنى لأسمهان
بليالى الأُنس فُله
تُخطُب بنت الجيران
والحفله حتبقى جامده
تُرقُص وتهيص يامان
وتعيشها عيشه قشطه
مرتاح ما انتاش مُهان
والله ياعم كدبه
مالهاش أبداً ضمان
ح تطاطى يقولك اركع
واركع واسجُد كمان
مايحبوش العساكر
أبداً غير الجبان
يعنى ح تقلع كرامتك
ومابعد القلع بان
وأديك عمال تولول
(تدهن جرحك يا (مان
تضرب نفسك بجزمه
لما اخترت الحنان
وطاطيت ل اجل العساكر
لأ واديتهُم أمان
وحلمت تعيشها فُله
وتغنى لأسمهان
(بليالى فى ال (فيينا
(وأديك ساكن (الليمان

إصحى عملنالك ثوره

إصحى عملنالك ثوره
قوم يلا نقيسها عليك
الله مظبوطه جميله
هِز وشاور ب إيديك
نزل بقى بنتك تُرقُص
ومراتك تلبس شيك
أصل الإعلام بيصور
والمُخرج طاير بيك
م المُخرج أصلو بتاعنا
واحنا مشاورينلو عليك
أول ما يقولك أكشن
حُط انتا بياده عليك
فوق راسك طبعاً أيوه
أمال يعنى ف رجليك
وركبنا ومُش راح ننزل
إلا اما حنقضى عليك
ونمرمط ميتين أُمك
واللى حيتشدد ليك
(ما احنا اللى عملنا (الثوره
واحنا اللى دفعنا الشيك
للمُخرج ل اجل مايِخرج
وسبكنا الثوره عليك
وانتا يادوبك كده تُرقُص
ومراتك تلبس شيك
وبناتك تنزل تُرقُص
وكفايه ياحلو عليك
(ف احنا اللى عملنا (الثوره
ظبطنا مقاسها عليك
ونزلت فى 30 سونيا
واهى كانت أخر ثوره

تعملها ونهتف ليك
إما ان فكرت تغامر
دلوقتى مافيش غير ن*ك
جيشنا) حيعتبرك غازى)
وتتعلق من رجليك

وداع ياشعر

من غير قسم بالله
ولاكُتر حلفاني
وداع ياشعر خلاص
مُش ح اكتبك تانى
مار أيتش منك خير
أبداً ولاجانى
غير الهموم والويل
وشجون ملازمانى
والنحت ليل ونهار
ب احلم لأوطانى
فى بلاد وعاشقها
هوا اللى بيعانى
أما الخروف باشا
وعايشها لبانى
بيضا على الأخر
لاكانى ولامانى
والله على الإحساس
بدماغ تكون ضانى
حالمه الحياه برسيم
والكون بدنجانى
يبقى النوايا خلاص
مُش ح اكتبك تانى
من غير قسم بالله
ولا ازيد فى حلفانى
باى باى ياشعر خلاص
باى باى يا أحزانى

حلم برئيس سابق

دا فُلان. رئيس سابق
ونشوفوا فى الشارع
نجري ونتسابق
ناخُد معاه صوره
وهوا متعايق
والدردشه تحلى
وكلام على الرايق
فرحان كده بنفسو
إنو رئيس سابق
ما اتشالش بالمدفع
ولاب انقلاب عاشق
للدم فى بلادنا
وبيبقى متضايق
إن البلد يبقى
فيها رئيس سابق
جبناه ب إرادتنا
وصوتنا كان فارق
ماجاش بدبابه
وبياده وبنادق
واحنا اللى قررنا
يبقى رئيس سابق
جيبنا رئيس غيرو
وقولنا دا ال لايق
وحتنتهى المُده
ويبقى رئيس سابق

أهلاوي

والله ليك الفخر
لو قُلت أهلاوى
فى العُسر
أو فى اليُسر
لفانلتو غاوي
عُمرك ماشُفت معاه
غير فرحه وغناوى
تحلى الحياه بهواه
ف احياها أهلاوى
تبقى أنتا للبطولات
والفرح ليك غاوي
وتزيد كمان أمجاد
حقك يا أهلاوى
ف والله ليك الفخر
لو عشت أهلاوى

ماتسيبها ياعم

لماتكون الميزانيه80% ضرايب
متاخده وغصباً عنا
احنا اللى بندفعها وقهراً
يبقى ماحدش يعايرنا
ويقول أنا ب اصرف واصرف
لا ياعم فلوسك منا
واحنا اللى بندفع راتبك
ورواتب ل القاتلينا
طافحين الدم عشانكم
ثُم بتطلع تعايرنا
سيهالنا ياعم نديرها
وفارقنا وسيبك منا

دايماً وعيد ياعيد

دايماً أنا الموعود
تقلب وعيد ياوعد
تخالفنى فى المواعيد
تاخد ليالى السعد
وأمِد ليك الإيد
مايجينى منك رد
وأَكِد ليك السير
وأَجِد كُل الجد
واكتبها ألف نشيد
تصبح عديد يتعد
وامشيلك المشاوير
بخطاوى لوتتعد
انا كُنت أبقى شهيد
ومقامى عالى المجد
لكن عوايدك شين
دايماً وعيد ياوعد

لسا الهوى أمِر

لسا الهوى أمِر
لسا الحنين غالب
رغم ان عُمر كتيررر
ياشعرى ياشايب
لسا العيون شاغلاك
فى هواها بتغالب
كُل الشجون جواك
وتقول انا دايب
سُبحانو مين خلاك
صنديد ولاهايب
رغم السنين عَشَاَق
وبتنكر العاتب
لو قال دا شعرك شاب
وترُد أنا دايب
وتلاموا ياما كتير
على شعرُهُم شايب
وحتعمل ايه فى قلوب
مُش حاسه بمعايب
لما الهوى يُأمِر
بتقول انا دايب
أصل الهوى غلاب
ماتلومش ياعايب
ومسيرو يجي اليوم
تهمسلى انا دايب
أبداً عليك ما ح الوم
ولا أقولها ياشايب

مين قتلها السُنبله

لسا عندك من خزينك
فيه أمال متأجله؟
ولا خَلَصت الحكايه
وفيك قتلت السُنبُله؟
واكتفيت تهمس لنفسك
لِم نفسك ياوله
خدتَ جنب قعدت وحدك
بادى تنزف أسئله
عن براح بيضيق وجداً
عن فساد الأزمنه
عن بلاد كار هها قطعاً
حتى كاره الأمكنه
والحُلول مابقتش مُمكن
والأمانى المُمكنه
إنتهت ولِت وراحت
واللى باقى الولوله
شِد عودك هدى نفسك
قُوم جاوبنا ياوله
لسا عندك؟ ولاخِلصت؟
وامتى دفن السُنبُله

أيوا ياعم ب احب الريس

أيوا ياعم ب احب الريس
أيوا ب احبو ب احبو زياده
مهما خربها وجبنا ضُلفها
ب احبو ب احبو ب احبو زياده
خلا الناس كُلها دين واحد
كفِرت سابه الدين بزياده
ماشيه تكلم روحها وتُشخُر
لما الشخر اهو صار بزياده
مُمكن يعنى نصدر منو
واللى يفيض يكفينا وزياده
صرنا خلاص زاهدين فى الدُنيا
مُش عايزين ولا أى زياده
غيرشى يارب يطول عُمرو
ويوحدنا كمان بزياده
كُلنا حالم إمتى ح نرحل
ونسيبهالو يُعُك زياده
شُفت ازاى انا عاشق الريس
وافضل احبو كمان بزياده
لحد ما أول فيزا تجيلى
ثُم ح أقول لأ كده بزياده

يحيا عُشاق البياده

يحيا جداً يحيا خالص
يحيا عُشاق البياده
من بتوع كده مهما تخرب
تعمل ايه ليكوا القياده
وحتى لو خربت ياسيدى
يكفي طله من حماده
وهوا مدى الكُل ضَهرو
والجميع أخر سعاده
والكاريزما طاله منو
لما يُشخُط وبزياده
فى اللى مش فاهم يقوللو
تفهم أيه انتا ف حماده
فى اقتصاد وعلوم ودُنيا
وحدى فاهمها بزياده
الفقيه انا فى الديانه
والطبيب أنا فى العياده
وانتا أخرك بس تسمع
ثُم تَهتِف عاش حماده
ف يحيا جداً يحيا خالص
يحيا عُشاق البياده
والخراب اللى استباحنا
واللى كان سببو ال حماده
عادى جداً حلو منو
واحنا فى سُكر زياده
يكفي بس الصُبح طله
طله فى ضهر ال حماده

إحنا دوله مُستقله

إحنا دوله مُستقله
دوله عُظمى ذات سياده
دوله فيها العِز كُلو
مش بيحكُمها البياده
وأى حد يقوم يعارض
حقو ياخدو وبزياده
بكرى يهتفلو ،وحماده
ع الشاشات يُشكُر فى أمو
يمنحو كُل الرياده
فى الوساخه وفى الدياثه
ثُم يسترسل زياده
إن أختو ياه ياساتر
أجهضوها ف كام عياده
وان جدو كان سوابق
من بتوع ذِكر وعباده
وان خالو شهيد فى يونيو
وان عمو الصول حماده
كان فى أُكتوبر بيُعبُر
لأ وايه داس بالبياده؟
ع العلم الابيض بتاعهُم
وسخو وخلاها ساده
والكيان من يومها غاضب
مننا بسببو لحماده
واننا بنبذل جهودنا
ننحنى لكو هين زياده
ل اجل ماينسى اللى عملو
من جريمه. الصول حماده
شُفت ياموؤمن بعينك
قد أيه احنا ف سياده
واننا كده دوله عُظمى

مُستقلّه وبزياده
واننا أحرار وجداً
دوله مابيحكمهاش بياده
لِف يلا سجاره تانيه
وسمعينا ياطانط غاده
غنوه م المناخير وجامده
طرى قعدتنا بزياده

في العشق وفش الغرام

فى العشق وف الغرام
مايفيدكش الحُسام
والنظره أقوى منو
وبتغني عن الكلام
تفتح قلبك فيُدخل
خلك من غير سلام
يحتلك وانتا راضى
عاشق كُلك هيام
وتموت لوقال حيرحل
ولا مُعاهده سلام
وتثور كُلك وتُطلُب
يحتلك ع الدوام
يفضل كده ديكتاتورك
وكمان تديه تمام
وتقول حُريه بعدك
تسقُط ومافيش كلام
وعجيب العشق جداً
ولذيذ الإنهزام
وانتا بتفتح حصونك
بيادوب شِبه ابتسام
مع إنك كُنت فاكر
محتاجه لألف عام
وجيوش جراره ياما
وابطال رافعه الحُسام
طلعت جداً بسيطه
من نظره وابتسام
تفتح أبواب حُصونك
تدى الغازى التمام
وتقول تهمس لنفسك
وتزيد فيك ابتسام

فى العشق وفى المحبه
مايفيدكش الحُسام
والنظره أقوى منو
وبتغنى عن الكلام

مية شهيد أصبح أنا

م ابتدائى وعشقى دائى
وهيا ساكنانى أنا
من نقول خمسين سنه
كُنت انا المزروع هِنا
ضلى يطول ثم يقصر
ثُم يزهق ينتنى
ع الطريق واقف ب ادندن
زادى بس يادوب غُنا
فى انتظار بس ان اشوفها
وابقى أكون نُلت المُنى
ماشيه حاضنه كتُبها هيا
وانا حاضن السوسنه
وان حصل شاورتلى يعنى
ف الملك بيكون أنا
تبقى كُل الدُنيا ملكى
والزمان والأمكنه
بس كالعاده افترقنا
والشهيد أصبح أنا
من يوميها ب اموت يوماتى
وكُل ليله بمية سنه
ثُم تاخُدنى الشوارع
واتزرع ساعات هِنا
بس مابتظهرهش هيا
وفيا تدبل سوسنه
ف انكسر وارجع لوحدى
مية شهيد أصبح أنا

انا م البلد دي

أنا م البلد دى
شخلل تعدى
راضى العساكر
حتعيشها وردى
مادام بتسرق
وتمام بتدى
فما فيش محاضر
والحل ودي
وتقوم تنقط
والأخت ساندى
تعدل مزاجك
ويسكى وبراندى
وحشش براحتك
وبودره؟ عندى
وملعون أبوهم
مؤمن ومهدى
بتوع يابلدى
وكلام مصدى
دى ناس مريضه
وكلامها مُعدى
وعلاجها نُفرم
فيهُم نعدى
أنا م البلد دى
أنا م البلد دى

ونقول من تاني تونس

ونقول من تانى تونس
نبدأ غزل الكلام
ونفكر كُل ناسى
أو فاكر فيه خصام
بيننا وبين الكرامه
وحنركع للنظام
ونقوللو تحت أمرك
نسجُد نديه تمام
والله كُنت واهم
واوهم منك نظام
فاكرنا خلاص نسينا
أوتوهنا فى الزحام
مهما ح يسجن وينفى
أو كسر فى العظام
لسا الثوار خزينك
لسا وحلو المقام
لما الثاير يلعلع
ينشد أحلى الكلام
عن ثوره ومسك فايح
طارح وعلى الدوام
ثوار تهدر بلادى
وتجود فى المقام
وتنادى ب أعلى صوتها
يلا صلاة القيام
مش بركوعها وسجودها
لكن هبة صِدام
ع الذل وع المَهانه
على ليل فاكر انو دام
ونقول من تانى تونس
نبدأ غزل الكلام

بعديها الكُل طالع
يمحى سنين الظلام
فى خليجك وف مُحيط
منى ليك السلام
كمل واغزل معانا
وادى الثوره التمام

كده فاضل كم ضريبه

كد فاضل كم ضريبه
لسا ناسيها النظام؟
لسا مبقتش علينا؟
وسايبنا نعيش تمام؟
مافرضش على المحبه
مافرضش على الكلام
مافرضش على المعاتبه
مافرضش على الملام
ع الشمس اللى سمانا
ومافرضش على الظلام
ومافرضش انك تدردش
مع نفسك فى انسجام
وانك تحلم براحتك
وتقوم ترسم برام
وتفت الباقى منك
من دمك والعظام
وتغمس فيك وتُشخَر
تدى لجوعك تمام
والله ياعم طيب
وكيوت أوى دا النظام
وسايبنا نعيش نبرطع
وبيرخيلنا اللجام
ساعتين من غير ضرايب
ونعيشهُم فى انسجام
ثُم يقولك تعالى
حوشت ياحلو كام
فى الساعتين اللى فاتوا
لما نسيك النظام
أو سابك يعنى تحلم
إنك كده فى التمام

فعملنالك ضريبه
ع الصمت وع الكلام
وانك بتبوس عيالك
وانك عندك مدام
وكمان بتناجى ربك
وتصليلو القيام

عُمرة حماده

واهم لو كُنت فاكر
كده عُمره ثوابها ليك
والله حتبقى حُجه
ودليل بيِن عليك
وداك بيتو المُعظم
ووساختك لسا فيك
واخد التعريص ديانه
وتقول ع الحق Fake
ترجع م العُمره تكدب
وفي الدم تكون شريك
فلاعُمره تجزي عنك
ولاحِجه شافعه ليك
طول مابتسجُد لظالم
وتقول ع الحق Fake

أنا كمواطن مصري

أنا كمواطن مصرى حقوقى
ف مصر أشجع كوره وبس
وافضل طول الماتش اطنطط
واما بنغلب نبتدى رقص
وبعد الماتش بنقُعد نندب
نشحت تمن الفول أو عدس
ثُم اتفرج على أفلامهُم
واهتف جامد يحيا الهلس
واقنع كُل الناس حواليا
تُسجُد تدى تمام للعرص
وتشوف مصر عظيمه وجداً
زى الفُل وراضيه النفس
عن ماتشاتهُم عن أفلامهُم
مهرجانات الخيبه وهلس
دايم فيها الباشا يبعزق
واحنا نصيبنا يادوب الكنس
وان فاض حاجه ف قعر الحله
ف احنا علينا يادوب اللحس
وانا كمواطن مصرى حقوقى
ف مصر اتنيل واسكُت بس

مُش حيقدر جلادينك

مُش ح يقدر جلادِينك
مهما زادوا الجلادين
يمنعوا فجرك يشقشق
يحرموكى م الحنين
ل العُلا والعز ه دايماً
يقتلوا فيكى اليقين
إنهُم وَهم وحُثاله
وبُكرا بعدو مدفونين
تحت جزمة كُل ثاير
هب لَبى وقال آميين
لما قُلتى الكُل يجمع
وابتدى الجمع المُبين
يهتفوا ب إسمك تعيشى
دومتى خالده ودام عرين
كُل ماتتهزمى يولد
ألف طاهره وألف مين؟
شَد عودو وحط كفنو
ع الضلوع المليانين
بالوَله والعشق فيكى
دايمه مرفوعة الجبين
واشتعل يهتف وينشد
صحي فيكى المؤمنين
باليقين إن انتى خالده
مهما زادوا الجلادين
وانهُم وهَم وحُثاله
وف دقايق مدفونين
تحت جزمة أى ثاير
هب لبى وقال آميين
والرهان دايماً عليكى
ومُش رهان لأ دا اليقين

جاى فجرك مهما زادوا
فى السجون والجلادين

يلا نصبح على ميرفت

يلا نصبح على ميرفت
نديها كم قضيب
وبلاش يسرح خيالك
والله بجد عيب
أنا قصدى قضيب حديدى
ما اقصدش دا القضيب
اللى انتا عليه بتقعُد
م الفجر وللمغيب
علشان ماتجيب رغيفك
وياريت تعرف تجيب
بتلاقى البلحه سابقتك
ويحُطو ف ألف جيب
منهُم جيب طنط ميرفت
ويقولك تانى جيب
شخلل صبح لميرفت
خليك ناصح أريب
فنقوم م النوم ونشحت
ونعارك ألف ديب
علشان فى أخرها ندى
لمدام ميرفت قضيب
وياريتو كمان حقيقى
ولا طبيعى القضيب

خلصِت فناكيش البلحه

خلصت فناكيش البلحه
مابقتش تفيد أحلام
فجأه بتقلب بكوارث
ورصيدو من الأوهام
بقى زايد جداً جداً
داهن بيه الأيام
بسواد من كوبري لكوبري
ل اطول سارية أعلام
ل الفقر معشش فيها
بقى ضلو وصاحبو تمام
والباقى قراية الفاتحه
على بلحه واغبى نظام
كان فاكر الوهم حيطرح
يجنى المحصول أحلام
واهى خربت جابت أخِر
طرحها مليان بسخام
فناكيش البلحه بكوبري
وأطول سارية أعلام
والناس مُش لاقيه رغيفها
وللفقر بتَدى تمام
عيان ب***ك فى ميت
مابقاش بيفيدو كلام
إنك تتسهوك تحزق
وترُص كتير أوهام

بديع البحر كالعاده

بديع البحر كالعاده
وحالمه همسة الميه
ونورس رف بجناحو
يشاور للمراكبيه
وغنوه من بعيد صادحه
نسيم دايب فى صُبحيه
بتتغنى بتتباهى بطِلة
شوق وحنيه
يشاور للحمام يلا اااااا
فيفتح مليارات غيه
بتهمس للفضا ترفرف
صباحاتك محنيه
مواسمك كُلها بهجه
وأيام الفرح جايه
وانا لوحدى على شطك
ودبِلِت ورده ف إيديا
وتر صدا هجر لحنو
وب اهمس حُزنى للميه
وبديع البحر كالعاده
وأبدع منو مافيا
مصمم إنى أستنى
وح استنى وماليش ديه

بنشترى وقت

مصر العاشقه الوهم بشده
طول الوقت بتشترى وقت
هزيمه جديده مُصيبه جديده
أمانى بعيده فنشترى وقت
عبدو الخاسر يخسر سينا
فيطلع هيكل يُطرُش زفت
وتبقى الكارثه مُجرد نكسه
ونشترى وقت
ثُم ابو سمره المؤمن جداً
يُخطُب فيها مساه وصباح
إن الحل نقوم نفتحها
سداح فى مداح
واللى حيسرق راح يرتاح
ثُم أهو ثبت حسنى وراح
فنشترى وقت
ثُم الهانم وابن الهانم
هُما القصر
هُما السيد هُما المالك
عزبة مصر
ثُم يناير يهدِر ثاير
وتقوم مصر
لأول مره تدير الوقت
ثُم ف غفله يعود العسكر
نرجع تانى ونُطرُش زفت
ونرجع تانى بنشترى وقت

صباح الفُل ياغزه

صباح الفُل ياغزه
صباح المجد والعِزه
صباح طارح ببارودو
صواريخو كمان جاهزه
وحارمه كُل صهيونى
ينام يحلم كده بلذه
وحارمه برضو صُبيانهُم
بغال عماله تتغذا
وساعة الجد ـأعظمهُم
يصير مخصي يصير معزه
ويُخطُب فينا نستسلم
نهادن أهلو فى غزه
لكن دايماً وحنكمل
ردودنا بالهتاف جاهزه
صباح الخير صباح النور
صباح المُجد ياغزه
وملعون أم اللى بيهادن
ولايهتف تعيش غزه

هَل يناير

هَل يناير فايح عِطرو
مِسك وباقى ليوم الدين
دم الشُهدا ف أطهر ثوره
لمانزلنا يامصريين
قولنا بلدنا وناسنا الساده
لا احنا عبيد ولادول سلاطين
مِسك ماعُمرو ح يخلص عِطرو
باقي وخالد في الميادين
مايشموش غير غاوي العِزه
وأهل الخطوه من العارفين
واللى قُريب كده من ربُو
والمليان ب إيمان ويقين
صلى وسلم على سيدنا
ثُم اتوكل قال يامُعين
والعاشقين لتراب الطاهره
مصر الخالده وكُلى يقين
جاي اليوم وقُريب جداً
ننزل ننطرح فى الميادين
ورد بيهتف عاشت حُره
نغزل توبك بالملايين
ونغنيلك باقيه وخالده
واحنا فداكى كتير عاشقين
وانتى الست وأهلك ساده
لا احنا عبيد ولادول سلاطين
هَل يناير خالد عِطرو
باقى وباقيه ليوم الدين
انتى الحُره وانتى الدُره
وانتى التاج واحنا العاشقين
يفضل مِسك ف كُل تُرابك
يفضل وردك في الميادين

فاكرها سايبه

إنتا ياللى فاكرها سايبه
وان مصر لأي حد
ليك ولُأمك وابن خالتك
والجيران ولعم سعد
والمكانه ل اللى عارف
واللى عالم واللى
أيه واخدينها جد
والمواطن يعنى صالح
يعنى طيب
يعنى بانى اليوم وغَد
واللى يفدى بدمو نيلها
واللى شايف عرقو مجد
مهر أو عربون محبه
للبلد دى بكُل وِد
إصحى يا اهبل قوم وخُد
صبه حلوه ليك ولُأمك
ولجيرانكوا وعم سعد
وابقى ماتنساش تطبطب
ع الخريطه بكُل وِد

ربنا يجعلها فُله

ربنا يجعلها فُله
عام بدون بلحه الوضيع
أمنَوا وادعُوا بيقينكُم
يا اللى كارهين القطيع
والمعيز عُبَاد سي بلحه
من كبيرهُم للرضيع
بالسنه دى تكون خفيفه
برحمتو البر البديع
ربنا يجعلها فُله طيبه
وترضي الجميع
بس برضو تكون مُذله
سودا جداً ع الوضيع
هوا واللى مايلعن أُمو
واللعان يشمل جميع
طبالينو بخدامينو
من كبارهُم للرضيع
تنفرج ونشوفها فيهم
ضربه قاضيه للجميع

الرحيل أمتع وأجمل

أد أيه حلوه وجميله
وأد ما حلوه الحياه
الرحيل أمتع وأجمل
ل اللي واصل مُنتهاه
من ألم مستني تخلص
رحلتو وتوصل خُطاه
للنهايات السعيده
بالوصول عند الإله
ياااه أخيراً خَف وجعي
ياااه أخيراً أدي الحياه
طيبه ومن غير مواجع
بالونس عند الإله
عيشه خاليه من انكساري
م الألم مع ألف أه
كُل يوم ب اصرُخ وأقولها
منتظر طوق النجاه
والنجاه دايماً وأبداً
بالونس عند الإله
والرحيل من دُنيا فانيه
للخلود واهي دي الحياه

برا ميدان الثوره

حلم معادو قريب جداً
ويقين مالي الروح والنفس
طرح خلاص أنِت أيامو
والدندنه وبداية الهمس
طالعه الشمس وباين نورها
واهي بتزيح ف غيوم النحس
والميادين اهي بادية بتفتح
بابها وباين فيها الغرس
وجاي اليوم وتقولوا عرفنا
توبنا خلاص وفهمنا الدرس
بس ساعتها الرد طبيعي
برا ميدان الثوره ياعرص
مهما حتبكي تقول سامحوني
ف اللي مُتاحلك بس الدهس
تحت الجزمه وأوسخ جزمه
فيه برباط وكمان فيه بنص
يلا ياعره يابايع دينك
بايع أهلك تُكنس كنس

ماشي يافول

ماشي يافول....
ماشي يافول ح يجيلك يوم
وابعد كده عن وشك يوم
واعرف معنى فراخ ولحوم
يوعد ربي بناس كده طابخه
ويشاورولي انك معزوم
ح احلق دقني واسشور شعري
وهات ياكلونيا وأحلى هدوم
واحد صاحبي يسلفهالي
واسعه عليا وفيها ب اعوم؟
ح انفُخ نفسي ياسيدي شويه
والبس تحت بيجامة النوم
ثُم ويلا نزلت ب اغنى
ب امنى النفس ب أجمل يوم
يوم مليان بفراخ أوفته
أو أسماك أو أي لحوم
ثُم همسلي حبيبي عازمني
قالي اتفضل يلا وقوم
كده نتغدى ياعم ويلا
دا انتا ف بيتك مش معزوم
قوم عمالينلك أحلى بصاره
وطبق الفول بالزيت والتوم
فجأه لقيت الدُنيا بتقفل
وانا مُش قادر حتى أقوم
ثُم همست بغِل لصاحبي
أصل انا صايم ما احلى الصوم
ثُم بدأت أتمتم واهذي
ماشي يافول ح يجيلك يوم
واقدر اذلك لو بالصوم

حاجه

ب افرح وب أي حاجه
واحزن لأقل حاجه
واضحك من كُل قلبي
على نُكته وفيها حاجه
ودموعي قريبه جداً
كده جاهزه لأي حاجه
ب ابكي وبكُل حُرقه
لو حد حصللو حاجه
وساعات ب اعمل مُثقف
فاهم وف كُل حاجه
لكن ب ارجع واعيشها
مُش عارف أي حاجه
وساعات الدُنيا ملكي
وانا فيها أهم حاجه
ل مُجرد لحن دندن
فكرني ب أي حاجه
أوبيت شعر أمتلكني
حسني بألف حاجه
وساعات زاهد وجداً
مُش عايز منها حاجه
مع إني كتيررررر مفلس
ماف جيبي أي حاجه
وساعات الكون دا كُلو
عُمرو مايعنيلي حاجه
وساعات عاشق وجداً
للدُنيا وكُل حاجه
وساعات علبة سجاير
بتكونلي أهم حاجه
عاشان ما اليوم يعدي
سع قهوه و أي حاجه

أتقوت اسِد جوعي
وأعيشها كأني حاجه

مصر مش بس العساكر

مصر مُش بس العساكر
والعواهر والقرود
واللي مالينها لشاشاتك
يؤمرونا بالسجود
بس هانت جاي وقتو
يوم ما حنفُض القيود
مصر أجمل مصر أكبر
من عصابات البعوض
فيها ياما وياما عدى
ناس عليها كالورود
دابو فيها وحبوا ناسها
ورفعوا راسها بدون حدود
أُسطوات عُلماء أساتذه
فنانين وشيوخ تجود
بالعزيز والغالي ليها
دمُهُم كان الوقود
للمكن جوا المصانع
للمعارك كان بارود
فنانيين رسموها بهجه
زينوها بالورود
شعر من قلب اللي عاشق
لحنوه أهل الخلود
واللي بالقُرآن تغنوا
جملو معنى الوجود
م الروائي للمغني
ل اللي عاش حاضنك ياعود
للمهندس ل اللي طبب
ل اللي مات وسط الجنود
هُما دول زادك وفخرك
مُش عساكرك والقرود

اللي مالينها لشاشاتك
يؤمرونا بالسجود
للوسَخ والعهر كُلو
ولعصابات البعوض

عُقبال ما الفرحه تكمل

فرحنا باللي بعدو
ياقادر ياقدير
عُقبال ما الفرحه تكمل
بالزغلول الكبير
وتحاسبهُم بعدلك
مش باللُطف اليسير
وانتا العالم وسخَهُم
والإفساد الكبير
والكُره البادي منهُم
للعاجز والفقير
وبلاد ماصيين ضروعها
سايبينها على الحصير
سارقينها بكُل نشوه
واحنا لأسوأ مصير
فيارب ماتبقي منهُم
أبداً حتى اليسير
وتاخُدهُم مره واحده
أخدة قادر قدير
من أصغر كلب فيهُم
للزغلول الكبير

يعني ماقومتوش بثوره

يعني ماقومتوش بثوره؟
يعني مانزلتوش ياعم؟
دا السؤال من أي لجنه
وأي واطي ماعندو دم
هوا يا اهبل ماتش كوره
ولارحله لحد شرم
ثوره يعني لحظه فارقه
ولا كان عرفوا الغَنم
قبل ماتجيبهُم يناير
كُلهُم تحت الجزم
واه ماقامتش انهارده
بس فيه جولات ياخُرم
يكفي عشت يومين بترعش
ليل نهار مكروب في غم
وجاي يوم وأكيد حنزل
ولسا ياما تشوفوا غَم

كان لابُد من المشانق

كان لابُد من المشانق
ل اجل يناير يعيش
ثوره يعني نضافه تامه
ثوره يعني فساد مافيش
يتشنق أفسد مافيهم
كُلو ح يقولك تعيش
كان لابُد من المحاكم
والحكايه ماتنتهيش
بالفرح بسقوط مُبارك
لأ ياعم دا لسا جيش
م الحراميه العتاوله
واللي كار هينك تعيش
كان لابُد يكونوا عبره
والسؤال ماينتهيش
عن جرايم باينه واضحه
ل اللي نظرو شيش وبيش
كلُهم معروف وباين
إن ناروه ماتنطفيش
إلا لما يتم بترو
يبقى منو خلاص مافيش
غلطتك كانت ياثاير
سبتُهم ونويت تعيش
فرحتك بالحلم يطرح
عَدل حُريه وعيش
رُحت ونسيت المشانق
رجعوا تاني عليك بجيش
يبقى في الثوره اللي جايه
خُد قرارك قول مافيش
غير مشانق جاهزه ليهُم
كُلو حيقو لك تعيش

وُالمحاكم تبقى فاتحه
ليل نهار وماتنتهيش
وف ساعتها الثوره تنجح
لما منهُم عاد مافيش

مُش قادر ليه تتوب

مُش قادر ليه تتوب؟
علشان عندك ذنوب؟
طب يلا تعالى نسمع
سِيدنا وطب القلوب
بعد اما تصلي طبعاً
وعليه سلِم ودوب
في هواه سيدنا ونبينا
وشيفعنا في الخُطوب
بيقول في حديث مؤكد
وجميل عن دي الذنوب
لو مغلطناش وتوبنا
ورجعنا كمان نتوب
ربك حياخُدنا إحنا
ويجيب غيرنا بذنوب
يذنب ويقول ياعفوك
وعليهُم ياه يتوب
سبحان ذو العفو ربك
وغافرها للذنوب

ياللي رفضت

ويا اللي رفضت
المدني يسوسك
رُحت وجبت
بياده تدوسك
ثُم رقصت
وكان بفلوسك
حفله كبيره
وكُلو يبوسك
ع الإنجاز
انتا ومحروسك
قايم تندب ليه
وقاموسك
كُلو شتايم
على ننوسك
ألبس بقى
ويامحلا (لبوسك)

واللي بتقلع

بنتك ح تجيب صاحبها
من غير ماتقول دا مين؟
ولا خدها وراح أوضتها
يرتاحوا حبتين
وانتا يادوبك تجيبلو
كندم من نوع متين
ومراتك لو رفيقها
محتاجها تقوللو فين؟
وانتا اللى توديهالو
وتنور شمعتين
مطلوب منك تعيشها
خانع من غير يقين
وتغمض فيها عينك
منزوع من أي دين
وتعيش مصر بتاعتهُم
مهلكة الطيبين
ننسى الشرع ونبينا
والناس المُغرمين
بالصح وب المبادئ
وال صاينينك يادين
وبتوع ح نعيشها عِزه
ولا حنوطي الجيبين
لمشايخ بايعه دينها
وحُثالة الفنانين
م اللي بتقلع لباسها
والديوث اللعين
وان قُلنا دا عيب يقولوا
يارعاع مُتخلفين
يا اخوانا بعد فاهم
أوحد يكون أمين

يطلع يفتينا طيب
من فينا معرصين؟
اللى بتقلع لباسها؟
والشيخ عرص اللعين؟
وشوية أمنجيه؟
على طقم مُخنثين؟
وأعلام مليان دياثه؟
على كتبه مُخبرين؟
ولا الناس اللي قابضه
على دينهامكملين؟
شاربين المُر فيها
مهلكة المؤمنين
مصر (الحُره) بتاعتهُم
خولات ومُخنثين
واللى بتقلع لباسها
فيقولك فنانين
وملعون الفن جداً
لو شافنا معرصين
قاعدين نستنى لبوه
تقلع ونقول آمين
اهو دا الفن الحقيقي
والإبداع المُبين

مش عايز منها منصب

مش عايز منها منصب
ولاعايز فيها سُلطه
لكن من حقي اعيشها
من غير ما احتاج لواسطه
والعيشه عاديه جداً
مُش لازم يعني قشطه
ولاحالم بالمارينا
وكفايه عليا طنطا
أوضه وصالتين كفايه
ورغيف من غير أونطه
وشُغلانه تكون شريفه
ما ابقاش محتاج ل أورطه
من شله ومن وسايط
علشان أوصل لحته
من حق بياخدوا كُلو
كُل المسنود بواسطه

كُنت زمان باحسبها بلادي

كُنت زمان ب احسبها بلادي
وف أعيادها ب الف وانادي
وكُل ما اشوف خريطتها قُصادي
أحضن فيها وابوس وأدادي
واما يرف علمها بنادي
تحيا وتحيا وتحيا بلادي
فجأه صحيت م الحلم لقيتني
واقف صمت سنين في حدادي
فترة حُزن طويله وجداً
وبيضحكلي عسكري سادي
**بلدك مين يا ابن الشرمو
مصر بتاعتي وورث اجدادي
وانتا يادوب هتيف بالأُجره
أخرك ترفع صورة دادي
ثُم تغني وتُرقُص جداً
إن انا سايبك جوا بلادي
عايش فيها كأنك منها
وانتا يادوبك مصري وعادي
ما انتاش نجم عشان نتحمل
قرفك يعني كمان وندادي
أما حقوقك بى عند أُمك
واسأل ابوك لو كان لك دادي
دادي بجد حقيقي وباشا
زي دادات أصحابي ودوادي

انهارده عيد ميلادي

انهارده عيد ميلادي
كل عام وانا لسا صامد
لسا قادر ع المُكابره
لسا في برك ب اكابد
كُل أصناف البواخه
وكُل أنواع المكايد
لسا مصري وديني طالع
ع الرغيف مفروض أجاهد
زي فار مرعوب وجداً
والطريق مليان مصايد
كثل شيء بيقولي نرحل
ننتحر لكن ب اعاند
منتظر يمكن حتفرج
بس دايماً حظي جاحد
كُل يوم مستني بُكره
بس ب اسمع شخر جامد
وانهارده عيد ميلادي
ف الطميلي يا ام ماجد
سمعيني المُر كُلو
وادعي أصبح بُكره خامد

زيادة المرتبات

(اللي يلهينا بمنحه (ومن حقوقنا
بودِ كدب
يبقى خايف يبقى عارف
إن نازله الناس بقلب
وانو حيفرمل نزولهُم
فا انتا مُش في دماغو شعب
انتا بالنسبالو تافه
إنتا بالنسبالو كلب
ف اللى بيهلل لعضمه
يبقى كلب وابن كلب
والخلاف مش ع المُرتب
الخلاف على وعد رب
قال ماتقبلش الدنيه
وقالك اكره أي كرب
واجه الظالم وقوللو
فين حقوقنا يا ألف كلب

الخُلاصه

دوله مُش فارق معاها
إحنا مين؟ رايحين لفين؟
نتسحِل ونغور في داهيه
أو يموت كده مليونين
واللي فارق بس هُما
وانتا ياااا مسنود بمين؟
مين كبيرك؟ مين حبيبك؟
والخُلاصه انتا ابن مين؟
والكلام دا مُش م انهارده
هيا مصر ف كُل حين
عايشه بالإسلوب دا ماشيه
مُنذ ألااااا ف السنين
وحتقاوحنى هات أماره
بس مسنوده بيقين
إننا أهل البلد دي
أوحنصبح محسوبين
فيها ناس كدا زي غيرنا
من ولاد المسنودين
وان حصل دا حتلاقينى
في التُرب م الميتين
تُف على قبري براحتك
تفه م النوع المتين

لو عندك ضحك هاتلي

لو عندك ضحك هاتلي
حبه بعشرين جنيه
وان عندك حظ زود
برضو بعشرين جنيه
كده يبقى باقيلي عشره
اتعشى بيهُم ايه؟
كالعاده فول مسوس
والسوس بيقولى ليه
وارحمنى مره منك
واعمل كما أي بيه
هاتلك بورجر ياعِره
أو مره سيمون فاميه
ماعرفتش حتى اجاوب
أو أقول للسوس دا أيه
خايف لا اضحك فيخلص
كارت العشرين جنيه
من ضحك انا برن منو
لومره احتجت ليه
أو يعنى الدُنيا جابت
شئ كده واضحك عليه

ع اللي عملتو ف نفسي بنفسي

ع اللي عملتو بنفسى ف نفسى
أنا مقهور جداً من نفسي
وكُل ماتغرق خالص بيا
ب افضل اكايد نفسي بنفسي
وافضل أشمت فيا وجداً
وافضل اعاير نفسي بنفسي
واما يزيد الهم اشتمني
وامسك جزمه وب اضرب نفسي
واضح جداً هربت مني
واللي مُتاحلي أني أكره نفسي
خُلصت كُل الفرصه الفاضله
إني أصلح كده من نفسي
أو تمنحنى الدُنيا دقيقه
أأقدر اسامح فيها انا نفسي
ويااااه ع الحُزن الساكن فيا
ع اللي عملتو بنفسي ف نفسي

فليسقُط كُل عرص

فليسقُط كُل عرص
ساكت وعايشها هلس
وتقوللو يلا ننزل
فيقوللك يلا دانس
وينادي أهل بيتو
ويشاور يلا رقص
واما يعرص يزعق
ويقولها ب أعلى حِس
ويخاف كده م الحقيقه
ولاحتى يقولها همس
وتقوللو الحق بلادك
فيقولك يلا رُص
حجرين اعدل دماغي
أوشوفلي حُقنه مكس
وينافق ل اللي ظالم
وف ساعة الجد هُس
وان سمعك بتعارضُهم
بيقولك كُخ بس
يلا نقضيها فُرجه
عيشني اليوم وبس
وياعم بلادنا خربت
انزل بقى فووق وحِس
فيقولك رُص تاني
وتعالى نعيشها دنس
فبلاش تقهر في نفسك
وتجادل أي عرص
اتوكل وانزل انتا
وليسقُط أي عرص
ساكت وعايشها هلس

حلمانين بثوره

حلمانين جداً بثوره
بس كُلو في البيوت
كُلو ثاير ع المواقع
ثُم بعديها السكوت
والأماني بثوره حلوه
ثوره أموره وكيوت
واحنا لينا الفُرجه يعنى
أما للثاير ف مووت
فوووق ياعم (اللطخ) وافهم
ثوره يعنى نزول وموت
أو رجوع بالنصر غانم
والمواقع للكيوت
ل اللي عاجز واللي خانع
واللي عاشق للسكوت
واللي خايف من خيالو
واللي عاشق للتحوت
يحكموه ويذلو أمو
ثُم برضو مسيرها موت
طب مادام الموته واحده
قوم بقى ف خوفك وفوت
انزل اهتف على صوتك
مُش بثوره من البيوت

كان يناير حلم طاهر

كان يناير حلم طاهر
كان يناير الانتصار
مصر كانت باديه تغزل
فجرها وتطرح نهار
قمحها من طينها هيا
والبلد صاحبة قرار
والدوا من إيد ولادها
والعباقره ف كُل كار
قالوا يلا حنبنى يلا
مهما كان صعب المسار
والجميع شَمر يشارك
وابتدا يفُك الزُرارا
واللي عندو أغاني دندن
مية كمان مليون جيتار
والنشيد م القلب طالع
قوه بتهِد الجدار
والعلم بادئ يرفرف
ثُم فجأه ضرب نار
والعساكر بالبياده
داسوا فوق جتة نهار
كان يناير طُهر ثاير
ثُم فجأه يامرار
كُل مين حالم ببُكرا
شاف يناير كانتصار
بس هل ميت يناير؟
ولا حنغير مسار؟
ومصر تغزل تاني بُكرا
وتنتفض وتجيب نهار

فاضل كده كم محطه

فاضل كده كم محطه
- واتمنى يكون قليل -
ويزيد كرمك عليا
تِكمَل بقى بالرحيل
يتقالي الرحله خلصت
ومعادك ياجميل
يلا حترتاح يابختك
م الدُنيا والبديل؟
حتقابل يلا ربك
وياكرمك ياجليل
نخلص بقى بدري بدري
من مشوارنا الطويل
كان كُلو هموم وذِله
وحمول محتاجه فيل
ومُحايله على المعايش
والغُربه وليل تقيل
في بلاد مالهاش ملامح
بتعاملك كالعويل
خلصنا الدمع كُلو
وضحكنا فيه قليل
وسنين أبداً ماطرحِت
غير بس هموم وويل
ف الحلم يارب تخلص
من عندك ياجليل
وتشاء يارب تُأَمُر
تكرمنا بالرحيل

سبحانه بشق تمره

سبحانو واللي بشِق تمره
من جهنم يفتديك
ربنا أصل المحبه
مهما تعمل عندو ليك
حُب يغفرلك ذنوبك
إيدو بتطبطب عليك
أي شيئ عندو بثوابو
حتى في البسمه لأخيك
وانتا تذنب هوا يغفر
إيوا يعني مشتريك
مهما كان الذنب منك
ف البيبان مفتوحه ليك
لأ وأيه بدِل ذنوبك مغفره
وطبطب عليك
طمنك بالعفو منو
ربنا المالوش شريك
ولاحد ف مُلكو يقدر
يمنعو غُفرانو ليك
واتا ليك منو المحبه
لوذنوب الدُنيا فيك
يمهلك رغم الخطايا
والرزايا الساكنه فيك
ما انتا عبدو وهوا سيدك
وعُمر سيدك مايجافيك
وان جفيت انتا ب يمهل
ثُم تطغى فيناديك
عود ياعبدي عود لربك
والبيبان مفتوحه ليك
ثُم يرضى عليك فترجع
والرجوع مُش حكمه منك

أو زكاوه يعني فيك
لأدي منه منو هوا
ربنا الستار عليك

المسيخ في شرم

المسيخ في شرم ماسك
في الحديده وهات ياكدب
مكلمة ورقص ودعاره
هُما شعب واحنا شعب
هُما عُشاق الكهانه
وفُرجه ع الساحر بقلب
كاره الرب وعبادو
كاره القلب اللي حَب
يوم في مره بمصر يحلم
خاليه من كُل بن كلب
طاغي باغي على الغلابه
كأنو داخل فينا حرب
واحنا في مصر السجينه
نبتهل ونقول يارب
توعدو وتوعِد عساكرو
بالمرار وبكُل كرب

وماتتكش عليا

وماتتكش عليا
ل اقلبهاك مناحه
وافضل اعيط واعيط
مُشتاق أنا وبصراحه
لمُحيط م الدمع يمكن
يديني شبه راحه
م الدُنيا واللي فيها
وهموم انا ليها ساحه
وخداني جاي رايح
عشقاني ب استباحه
وان قُلت احسب في حُزني
محتاج هيئة مساحه
فبلاش تسألني مالك
ل أقلبهالك مناحه
شاور كده وانتا ماشي
واتمنالي اصطباحه
خاليه من الهم ساعه
فاصل شبه استراحه

أقصر م الحلم عُمري

أقصر م الحلم عُمري
أقصر بكتير كتير
لكنى ب اعزي نفسي
مازهقتش م المسير
كديت على قد ما أقدر
ونويت للكُل خير
وماقُلتش ليه دا حظي
وحظوظ الكُل غير
وحمدت الرب دايماً
وشكرتو على اليسير
وصيت اللي جاى بعدي
يُصمُد حيلاقي خير
يفضل ماسك في حلمو
ويعافر وبضمير
ويصمم إنو يوصل
ويجاهد في المسير
ويجيب في الحلم أخرو
ويراهن ع الكتير
واحلم قد اما تقدر
احلم واحلم وسير
أوصل للقمه دايماً
وبدال المشي طير

ومافيش أوسخ

ومافيش أوسخ من انك
تصبح كلب لنظام
عمال يقتل وينهب
وكمان تديه تمام
فنقولك فينو دينك؟
فتجادل في الكلام
وتحاول كُل جُهدك
نبقى معاك في الحرام
وتلومنا على الباقى
من شىء م الإلتزام
بالفطره ودين مُحمد
هادي وخير الأنام
ونكايه فينا تُكفُر
وتنادي على المدام
هاتي بناتك ويلا
نازلين ندي التمام
والرقص ف كُل حته
(بقِيادتك يا (هُمام
ياصاين عرض بيتك
وبناتك والمدام
وخلاص فناكيشو بلحه
طلعت رص ف كلام
فرجعت تروح لبيتك
هدو خلاص النظام
ف اندب بقى يلا والطُم
واضرب تعظيم سلام

ماكبرتش ولاعايز أكبر

ماكبرتش ولاعايز أكبر
أنا عايز أعيشها خيال
وافضل كده عيل جداً
يفضل أصحابي عيال
ضاحكين من كُل قلوبنا
عمال كده على بطال
ولانعرف جاه ولامنصب
ولافارقه معانا المال
والعجله دي أقصى طموحنا
تأجير مُش مِلك ياخال
إما انك تشتري عجله
ف دا حِلم ياعم مُحال
وبنرضى ب أيُها حاجه
ونقول كدا عال العال
طول م الأصحاب موجوده
واللعب مُباح وحلال
ولا حد يزعق إطلع
ولا يلا خلاص وتعال
الليل اهو لييِل يلا
نتعشى ونام ياغزال
ودي كانت أقصى عقوبه
باي باي ح ننام ياعيال

المحتويات

كان لابُد من المشانق
مُش قادر ليه تتوب
ياللي رفضت
واللي بتقلع
مش عايز منها منصب
كُنت زمان باحسبها بلادي
انهارده عيد ميلادي
زيادة المرتبات
الخُلاصه
لو عندك ضحك هاتلي
ع اللي عملتو ف نفسي بنفسي
فليسقُط كُل عرص
حلمانين بثوره
كان يناير حلم طاهر
فاضل كده كم محطه
سبحانه بشق تمره
المسيخ في شرم
وماتتكش عليا
أقصر م الحلم عُمري
ومافيش أوسخ
ماكبرتش ولاعايز أكبر
المحتويات

Did you love إبتلاء إن انتا Then you should read ماكبرتش ومش عايز اكبر؟
مصري[1] by طارق التريري!

ديوان شعر إبتلاء إن انتا مصري هو الديوان الخامس والعشرون المنشور من اعمال الشاعر طارق التريري

Read more at tarqablog.blogspot.com.

---

1. https://books2read.com/u/bPgMZl

2. https://books2read.com/u/bPgMZl

About the Author

منشوراتي

في بلاد الأي حد

قلبي اللي عشقك

إنفصامستان

وجع القصيده

كُل العساكر كدابين

الصُبح في بلادي

شباكي الفاتح

سُلطان العاشقين

قُليل لما باشتاقلي

دوايرك

دم الحُسين

على باب الله

صباح القُدس

عند باب الحلم

لماكانت مصر دوله

ذكريات الميدان
التُهمه عربي

Read more at tarqablog.blogspot.com.

9 798215 279243